Inhalt

Smart Grids - Intelligente Stromversorgung der Zukunft

Kernthesen

Beitrag

Fallbeispiele

Weiterführende Literatur

Impressum

Smart Grids - Intelligente Stromversorgung der Zukunft

I.Zeilhofer-Ficker

Kernthesen

- Das momentan existierende Stromversorgungsnetz stößt durch den schwankenden Energiebedarf und ebenso schwankenden Produktionsmengen an seine Grenzen.
- Als Lösung dieser Probleme werden so genannte Smart Grids - intelligente Stromversorgungsnetzwerke - angesehen.
- Bis zu zehn Prozent weniger Stromverbrauch können durch das

gesteigerte Kostenbewusstsein erreicht werden, das durch das Smart Metering entsteht.
- Experten sind sich einig, dass den Smart Grids weltweit die Zukunft der Stromversorgung gehört und erwarten in den nächsten Jahren Investitionen in Zig-Milliarden-Höhe.

Beitrag

Stromversorgung an der Belastungsgrenze

Für uns ist es zur Selbstverständlichkeit geworden, dass der Strom immer dann aus der Steckdose kommt, wenn wir ihn brauchen. Ein 200 000 Kilometer langes Leitungsnetz sorgt dafür, dass 450 Millionen Kunden in ganz Europa mit Strom versorgt werden. Die Versorgungssicherheit ist ausgesprochen hoch, selbst dann, wenn Fabriken und Büros auf Hochtouren arbeiten und gleichzeitig Millionen von Hausfrauen das Mittagessen kochen.

Doch unser Stromversorgungsnetz muss mit einigen

gewichtigen Problemen zurechtkommen. Die erste Schwierigkeit ist die physikalische Tatsache, dass im Stromnetz Bedarfs- und Produktionsmengen ausgeglichen sein müssen. Es kommt allerdings nur sehr selten vor, dass die vielen Windkraftwerke gerade dann riesige Mengen an Strom erzeugen, wenn auch die Strombedarfsmengen hoch sind. In der Regel muss die Leistung anderer Kraftwerke heruntergefahren werden, wenn gerade Starkwind herrscht. (1), (2), (3)

Die vielen Photovoltaikanlagen auf Wohnhäusern, die Windmühlen und andere Kleinkraftwerke verlangen den Stromkonzernen große Anstrengungen ab, da große Kohle- und Kernkraftwerke nicht beliebig hoch und runter gefahren werden können. Zudem schwankt auch der Strombedarf stark. Langfristig ist zwar ein weiteres Ansteigen des Stromverbrauchs zu erwarten, detaillierte Prognosen fehlen aber. Momentan weiß einfach niemand, wann die Anstrengungen zur Energieeffizienzerhöhung in Industrie und Privathaushalten greifen werden und in welchem Ausmaß. Wirtschaftliche Unwägbarkeiten addieren Komplexität und erschweren Voraussagen. (1), (2), (3)

In Deutschland werden bereits 15 Prozent des Strombedarfs mit erneuerbaren Energien erzeugt. Bis zum Jahr 2020 sollen sogar 30 Prozent des Stroms aus regenerativen Quellen stammen. Die allgemeine Meinung ist, dass das momentane Versorgungsnetz damit nicht mehr zurecht kommen wird. Eine intelligente Stromversorgung, so genannte Smart Grids, sollen die notwendigen Verbesserungen bringen. (1), (2), (3)

Smart Grids - das Internet der Stromversorgung

Intelligente Stromversorgungsnetzwerke werden gerne mit dem Internet verglichen. Denn auch hier ist der Datenfluss der Schlüssel zum Gelingen. Neben dem Strom selbst werden in den Leitungen der Smart Grids Daten transportiert, die den Verbraucher über den aktuellen Strompreis oder auch darüber informieren, wo der Strom gerade herkommt. Andererseits erhalten die Stromversorger exakte Informationen darüber zurück, wo gerade wie viel Strom verbraucht wird. Erstmals muss der Strombedarf nicht geschätzt sondern kann basierend auf aktuellen Daten berechnet werden. Durch genaue Bedarfsprognosen werden insgesamt weniger Kraftwerke gebraucht, da keine Kraftwerke für eventuelle Verbrauchsspitzen vorgehalten werden müssen. (4), (5)

In der EU wird deshalb darauf gedrängt, dass möglichst zügig digitale Strommesser (Smart Meter) bei den Verbrauchern installiert werden. Diese Stromzähler können identifizieren, welche Geräte oder Anwendungen die Stromfresser im Haushalt sind. Ab 2010 sind diese Smart Meter in Deutschland Pflicht bei Neubauten oder Sanierungen. Bis 2020 müssen in Europa mindestens 80 Prozent der Stromzähler laut EU-Richtlinie digitalisiert sein. In Italien sind diese Geräte bereits im Einsatz. Allein durch die höhere Transparenz des Stromverbrauchs auf Geräteebene wurden 10 bis 15 Prozent des Stromverbrauchs eingespart. Zudem können Verbrauchsspitzen abgeflacht werden, wenn Waschmaschine oder Gefriertruhe erst nachts eingeschaltet wird. (2), (4), (5)

Die momentanen Tarifstrukturen sehen diese Differenzierung nicht vor. Deshalb wurde den Stromversorgern aufgetragen, für ein neues Tarifsystem zu sorgen, das der Verbrauchssteuerung Rechnung trägt. Damit soll es den Verbrauchern ermöglicht werden, weniger für ihren Strom zu zahlen, wenn das Angebot gerade groß ist, weil - beispielsweise - der Wind gerade stark weht oder der Bedarf gerade gering ist. (6), (11)

Die technischen Herausforderungen

Eine große Herausforderung ist, dass sich Strom (noch) nicht in hohem Maße zwischenspeichern lässt. Weltweit laufen daher Forschungsarbeiten, um entsprechende Speichermöglichkeiten zu entwickeln. Eine Idee ist, Batterien von Elektroautos als Zwischenspeicher zu verwenden. Die Batterien dieser Autos könnten nachts zu einem günstigen Preis aufgeladen werden. Steigt der Bedarf dann tagsüber an, könnten die Batterien den Strom zu einem höheren Preis wieder ans Netz zurückgeben. Damit könnte ein Deckungsbeitrag zu den hohen Kosten dieser Batterien erwirtschaftet werden. (7)

Die Übertragungsnetze an sich sind ein weiteres Problem. Die Netze sind momentan so ausgelegt, dass von einigen wenigen Großkraftwerken eine relative stabile Menge an Strom zu den Verbrauchern fließt. Durch die vielen zusätzlichen Kleinkraftwerke, die Sonnen- oder Windstrom einspeisen, sind diese Netze überfordert. Die Smart Grids müssen in der Lage sein, sowohl konventionellen als auch regenerativen Strom möglichst Verlust frei zu transportieren und zu verwalten. Eine internationale Vernetzung ist außerdem ein Muss. (7)

Trends

Die Finanzwelt wittert beim Thema Smart Grids bereits Morgenluft und sagt dem Markt für die intelligente Stromversorgung traumhafte Wachstumsraten voraus. Momentan sieht es so aus, als könnten sie Recht behalten. Denn die Lieferungen von digitalen Stromzählern haben sich weltweit von 49 Millionen im Jahr 2007 auf 73 Millionen in 2009 erhöht. Stimuliert wird der Markt auch von Konjunkturprogrammen wie beispielsweise in den USA, wo Präsident Obama 4,5 Milliarden US-Dollar für den Aufbau intelligenter Stromnetze zugesagt hat. (10), (11)

Das weltweite Marktpotenzial wir auf 30 bis 60 Milliarden US-Dollar geschätzt, das sind zehn bis zwanzig Prozent des gesamten Stromübertragungsvolumens. Ein nicht unerheblicher Teil davon dürfte in den nächsten Jahren in die Erneuerung des deutschen Stromnetzes investiert werden. (10)

Smart Grids als Rückgrat der zukünftigen Stromversorgung dürften zumindest in den Industrieländern schon bald nicht mehr wegzudenken sein.

Fallbeispiele

Siemens ist einer der Big Player auf dem Smart Grid Markt. In diesem Jahr setzte Siemens mit Aufträgen für intelligente Stromnetze knapp eine Milliarde Euro um. Vor allem bei der Steuerungstechnik gehört Siemens zu den Weltmarktführern. Weitere Impulse erwartet sich Siemens von der Mehrheitsbeteiligung bei Energy4U, ein Unternehmen, das Systeme für die intelligente Verbrauchsdatenerfassung anbietet. (12)

Erprobt wird die intelligente Stromversorgung bereits an 60 000 Bewohnern der US-amerikanischen Stadt Dubuque. Die schweizerische Firma ABB hat die Infrastruktur in Zusammenarbeit mit IBM erstellt. (10)

In Deutschland läuft ein Pilotprojekt zwischen dem Stromanbieter Yello und Cisco Systems, allerdings für bisher nur 70 Yello-Kunden. Als Yello-Kunde kann man den Einbau von intelligenten Stromzählern bereits jetzt veranlassen. In Friedrichshafen am Bodensee installierte die Deutsche Telekom 2 000 digitale Stromzähler, in Mühlheim/Ruhr läuft ein Feldversuch der RWE mit 100 000 Smart Metern. Beide Versuche sollen weitere Erkenntnisse zum Datenmanagement erbringen. (11), (13)

Weiterführende Literatur

(1) Intelligente Stromnetze
aus Süddeutsche Zeitung, 14.12.2009, Ausgabe Deutschland, Bayern, München, S. 19

(2) Das Stromnetz beginnt zu denken
aus Frankfurter Allgemeine Zeitung, 01.10.2009, Nr. 228, S. 14

(3) Internet der Energie
aus WirtschaftsWoche NR. 045 VOM 02.11.2009 SEITE 112

(4) Smarte Stromzähler für schlaue Netze
aus Smart Investor, Heft 7/2009, S. 34-35

(5) Stromnetz 2.0 - Start einer intelligenten Energieversorgung
aus Börsen-Zeitung, 11.11.2009, Nummer 217, Seite 8

(6) Die Zukunft gehört den Smart Grids
aus Finanz und Wirtschaft vom 15.04.2009, Seite 27

(7) Die grüne Zukunft der Energie steht vor vielen Herausforderungen Erneuerbare Energien sind gefragt. Ein globales Konzept, welches die zuverlässige Erzeugung, Übertragung, Umwandlung und Speicherung der unterschiedlichen Energieformen sicherstellt, ist deshalb nötig. Dort liegt die gemeinsame Herausforderung für Politik, Wissenschaft und Wirtschaft.

aus MM MaschinenMarkt Nr. 049 vom 30.11.2009 Seite 022

(8) Welche Trends die Konjunktur positiv beeinflussen werden Die Elektroindustrie profitiert vom Klimawandel
aus Markt & Technik, Heft 32/2009, S. 45

(9) "Elektroautos werden Strom makeln"
aus VDI NR. 42 VOM 16.10.2009 SEITE 2

(10) Cleveres Stromnetz elektrisiert Anleger AKTIEN Das Smart Grid, das intelligente Stromnetz der Zukunft, ist ein Riesenprojekt, das die Börsen in den nächsten Jahren beschäftigen wird. Vergleiche zum Internet-Hype werden laut. Für manche Aktien ist die Euphorie gerechtfertigt.
aus Börse online vom 15.10.2009, Seite 34-36

(11) Stromnetze Strom by Call
aus FOCUS-MONEY, 25.11.2009, Ausgabe 49, S. 034-035

(12) Siemens will Milliardenaufträge für Smart-Grids
aus www.powernews.org Meldung vom 04.09.2009 - 11:24

(13) Der kluge Kabelsalat der Zukunft
aus Handelsblatt Nr. 229 vom 26.11.2009 Seite 32

Impressum

Smart Grids - Intelligente Stromversorgung der Zukunft

Bibliografische Information der deutschen Nationalbibliothek

Die Deutsche Nationalbibliothek verzeichnet diese Publikation in der deutschen Nationalbibliografie; detaillierte bibliografische Daten sind im Internet über http://dnb.d-nb.de abrufbar.

ISBN: 978-3-7379-1507-6

© 2015 GBI-Genios Deutsche Wirtschaftsdatenbank GmbH, Freischützstraße 96, 81927 München, www.genios.de

Alle Rechte vorbehalten. Dieses Werk ist einschließlich aller seiner Teile – z.B. Texte, Tabellen und Grafiken - urheberrechtlich geschützt. Jede Verwertung außerhalb der Grenzen des Urheberrechtsgesetzes bedarf der vorherigen Zustimmung des Verlags. Dies gilt insbesondere auch für auszugsweise Nachdrucke, fotomechanische Vervielfältigungen (Fotokopie/Mikroskopie), Übersetzungen, Auswertungen durch Datenbanken oder ähnliche Einrichtungen und die Einspeicherung und Verarbeitung in elektronischen Systemen.